LETTRE
D'UN QUAKRE

A Jean-George Le Franc
de Pompignan, Evêque du Puy
en Vélay, &c. &c.

ET

INSTRUCTION PASTORALE
De l'humble Evêque d'Alétopolis.

LETTRE
D'UN QUAKRE

A

JEAN-GEORGE LE FRANC
DE POMPIGNAN, Evêque du Puy
en Vélay, &c. &c. digne Frere de
Simon Le Franc de Pompignan.

AMI JEAN-GEORGE,

JE suis venu de Philadelphie en la ville de
Paris pour recueillir trois millions cinq cens
mille livres que les Fermiers généraux payent
tous les ans à nos freres de Pensilvanie &
Maryland, pour les nez de la France.

L'ami Chaubert, honnête Libraire, quai des
Augustins, lequel me devait quelques deniers,
me dit qu'il était dans l'impuissance de me
payer, attendu qu'il avait imprimé une Ins-

A ij

truction dite Paſtorale, de ta façon, en trois
cent huit pages, par *Monſeigneur Cortiat, ſe-
cretaire*. Il m'offrit en payement une grande
cargaiſon d'exemplaires, leſquels il aſſurait que
je pourrais vendre en Canada.

AMI JEAN-GEORGE,

J'ouvris ton livre. Je fus fâché de voir
comme tu traites Newton & Locke, qu'un
Français plus juſte que toi appelle les précep-
teurs du genre-humain. Peux-tu être aſſez bar-
bare pour dire (*page 33*.) qu'*on ne trouve point
d'idée poſitive de Dieu dans ce ſage Locke*, auteur du Chriſtianiſme raiſonnable, & légiſla-
teur d'une Province entiere ? pourquoi es-tu
calomniateur ? Ton Libraire Chaubert m'a cer-
tifié que tu avais travaillé avec un homme qu'on
appelle en France *abbé*, à l'apologie de la ré-
vocation de l'Edit de Nantes, & que dans cette
apologie tu dis que les Anglais *recueillent le
mépris des Nations*. Ah ! frere, cela n'eſt pas
bien ; nous ne ſommes pas ſi mépriſables que
tu le dis ; demande à nos Amiraux.

De quoi t'aviſes-tu, dans une Inſtruction
dite Paſtorale, adreſſée aux Laboureurs, Vi-
gnerons & Merciers du Puy en Vélay, de dire

(*page* 38.) que le fyftême de la gravitation eft menacé de décadence ? Qu'a de commun la théorie des forces centripétes & centrifuges avec la Religion & avec les habitans du Puy en Vélay ? Vois combien il eft ridicule de parler de ce qu'on n'entend point, & de vouloir faire le bel-efprit chez Chaubert, quai des Auguftins, fous prétexte d'enfeigner ton Catéchifme à tes Payfans. Apprends, l'ami, que la théorie démontrée de la gravitation n'eft point un fyftême, que tous les corps gravitent les uns vers les autres en raifon directe de la maffe, & en raifon inverfe du quarré de la diftance, que c'eft une loi invariable de la Nature, mathématiquement calculée ; & fouviens-toi qu'on ne doit pas en parler dans une homélie. *Non erat híc locus.*

AMI JEAN-GEORGE,

Si tu calomnies la Grande-Bretagne, je ne fuis pas furpris que tu outrages les gens de ton pays. (*page* 18.) Tu as tort de remuer les cendres de Fontenelle, & de dire que fon *Hiftoire des Oracles eft remplie de venin.* Cette hiftoire n'eft point de lui, elle eft du favant Vandal ; Fontenelle n'a fait que l'embellir. Le

A iij

fage Miniftre Bafnage, le judicieux Du Marfais, les meilleurs Journaliftes, tous ont foutenu cette hiftoire que tu veux décrier.

Comme je t'écrivais ces chofes avec naïveté, je vis le caroffe d'une Dame fort aimable s'arrêter devant la boutique de Chaubert. Eft-il vrai, dit-elle, que vous avez imprimé un mauvais livre où le Préfident de Montefquieu, le bienfaiteur des hommes, eft traité d'impie? voyons un peu ce livre; elle fe fit donner ta Paftorale. On lui avait indiqué la page; (*page* 208.) elle lut & rendit l'ouvrage. Quel eft le poliffon qui a fait cette rapfodie? dit-elle. C'eft Monfeigneur Cortiat, fecrétaire, répondit Chaubert. Je lui dis, belle Femme, qui es-tu? elle m'apprit qu'elle était la bru du célèbre Montefquieu. Confole-toi, lui dis-je, quiconque infulte tant de grands hommes, eft fûr du mépris & de la haine du public.

Elle partit confolée; je continuai à te feuilleter. Tu parles (*page* 18.) d'un Perraut, d'un La Motte, d'un Terraffon, & d'un Boindin auquel tu donnes l'épithète d'athée. Je demandai à Chaubert qui étaient ces gens-là, & fi Boindin a fait quelque écrit d'athéifme,

comme ton frere Simon Le Franc en a fait un
de déïfme. Il me dit que ce Boindin était un
Magiſtrat qui avait fait quelques comédies, &
que ni lui, ni Terraſſon, ni La Motte, ni
Perraut n'avaient jamais rien écrit ſur la Ré-
ligion. J'avoue que je me mis alors en co-
lere, & que je dis *Pox on the Madman*, la
peſte ſoit du . . . . j'en demande pardon à Dieu,
& je t'en demande pardon, mon cher frere.

AMI JEAN-GEORGE,

Tu vas de Boindin à Salomon, & tu affir-
mes (*page 44.*) que l'Auteur de l'Eccléſiaſte
a dit dans ſon dernier chapitre: » Tout ce qui
» vient de la terre, tout ce qui doit y retour-
» ner, eſt vanité. Il n'y a d'eſtimable dans
» l'homme que ſon ame, ſortie immédiate-
» ment des mains de Dieu, faite pour retour-
» ner vers lui, conſiſtant toute entiere à le
» craindre & à le ſervir, & attendant de ſon
» jugement la déciſion de ſa deſtinée.

Tu n'as pas menti, mais tu as dit la choſe
qui n'eſt pas. Ce paſſage n'eſt point dans l'Eccléſiaſte; tu peux répondre comme Mylord
Pierre dans le Conte du Tonneau, que s'il n'y
eſt pas *totidem verbis*, il y eſt *totidem litteris*;

mais réponfe comique n'eft pas raifon valable.
Quand on cite l'Ecriture, il faut la citer fidéle-
ment, & ne point mêler du Pompignan à
Salomon.

Tu parles enfuite contre la religion naturelle. Ah! mon frère, tu blafphêmes; fçache
que la religion naturelle eft le commencement
du Chriftianifme, & que le vrai Chriftianifme
eft la loi naturelle perfectionnée.

Ami Jean-George,

Pardonne, mais je n'aime ni le galimathias,
ni les contradictions. Tu avoues (*page* 111.)
que Dieu ne punira perfonne pour avoir ignoré
invinciblement l'Evangile. Heureux les pécheurs
qui n'auraient lu que ta Paftorale! ils ignore-
raient l'Evangile invinciblement, & feraient
fauvés. Et tu prétends, (*page* 117.) qu'il faut
un prodige pour qu'un homme qui n'eft pas
de ta religion ne foit pas damné. Hélas! puifque chez toi on ne peut être fauvé fans Baptême,
puifque les peres de ton Eglife ont cru que
les petits enfans morts fans Baptême font la
proie des flammes éternelles, puifqu'un enfant
mort né eft vraifemblablement dans le cas

d'une ignorance invincible, comment peux-tu te concillier avec toi-même ?

AMI JEAN-GEORGE,

Tu passes de Boindin à Moïse. Que ton livre ferait de tort à la religion s'il était lû ! tu pouvais aisément prouver la divine mission de Moïse, & tu ne l'as pas fait. Tu devais montrer pourquoi dans le Décalogue, dans le Lévitique, dans le Deutéronome, qui sont la seule Loi des Juifs, l'immortalité de l'ame, les peines & les récompenses après la mort ne sont jamais énoncées: Tu devais faire sentir que Dieu gouvernant son peuple immédiatement par lui-même, & le menant par des récompenses & des punitions soudaines & temporelles, n'avait pas besoin de lui révéler le dogme de la vie future qu'il réservait pour la Loi nouvelle.

Tu devais alléguer & étendre cette raison pour confondre ceux qui préferent aux dogmes des Juifs, ceux des Indiens, des Persans, des Egyptiens, beaucoup plus anciens, & qui annonçaient une vie à venir. Quel service n'aurais-tu pas rendu en montrant que le *Tartaroth* des Egyptiens devint le Tartare & l'Ades des

A v

Grecs, & qu'enfin les Juifs eurent leur *Sheol*,
mot équivoque, à la vérité, qui signifie tantôt
l'enfer, tantôt la fosse; car la Langue des Hébreux
était stérile & pauvre, comme tous les idiomes
barbares, le même mot servait à plusieurs idées.

Tu devais réfuter les Théologiens & les Savans qui ont prétendu que le Pentateuque ne
fut écrit que sous le Roi Osias, que Moïse n'a
pas pû prescrire des regles aux Rois, puisqu'ils
n'existerent point de son tems; qu'il n'a pû
donner à des Villes les noms qu'elles n'eurent
que long-tems après lui; qu'il n'a pû placer à
l'Orient des Villes qui étaient à l'Occident par
rapport à Moïse & à son Peuple vivant dans le
désert. Tu devais savoir quelle langue parlaient
alors les Juifs, comment on avait gravé sur la
pierre tout le Pentateuque, ce qui était une en-
treprise prodigieuse dans un désert où tout man-
quait. Tu devais résoudre mille difficultés de
cette nature; & alors ton Livre eût pû être
utile comme celui de notre savant Evêque de
Worcester, mais il faudrait savoir l'Hébreu
comme lui.

Tu te bornes à dire que Moïse sépara les
eaux de la mer à la vue de six cens mille hom-

mes ; le moindre écolier le fait comme toi ;
ton devoir était de montrer comment les Juifs
descendans de Jacob se trouvaient au bout de
deux siécles au nombre de six cens mille combattans, ce qui fait plus de deux millions de
personnes, comment ils n'attaquèrent pas les
Egyptiens, qui au rapport de Diodore de Si-
cile, n'ont pas été, même sous les Ptolomées,
plus de trois millions d'ames, & qui ne passent
pas aujourd'hui ce nombre.

De ces trois millions qui pouvaient com-
poser six cens mille familles, tous les premiers
nés avaient été frappés de mort par l'Ange du
Seigneur ; l'Egypte n'avait certainement pas
après cette perte six cens mille combattans à
opposer aux Israélites. Tu nous aurais appris
pourquoi ils prirent la fuite au lieu de s'empa-
rer de l'Egypte? pourquoi en prenant la fuite
ils se trouverent vis-à-vis de Memphis, au-lieu
de côtoyer la Méditerranée; c'est ce que notre fameux Taylor a merveilleusement expliqué, mais il connaissait parfaitement l'Arabie
& l'Egypte.

Tu nous aurais enseigné comment en fai-
sant un long détour pour arriver entre Memphis & Baal-Sephon, endroit où la mer s'ou-

vrit en leur faveur, ils étaient pourſuivis par la Cavalerie Egyptienne, tandis que tous les chevaux étaient morts dans la cinquième plaie.

C'était un beau champ pour un homme profond dans l'antiquité de faire connaître les ſecrets de la magie, d'expliquer par quel art les Mages de Pharaon égalèrent par leurs preſtiges les miracles de Moïſe, & comment ils changèrent en ſang les eaux du Nil que Moïſe avait déja transformées en un fleuve de ſang. C'eſt ce que le Docteur Stillingfleet a ſû approfondir. Tu vois bien, encore une fois, que les Anglais ne ſont pas ſi mépriſables.

Tu aurais appris chez notre ſavant Sherlok la raiſon évidente pour laquelle Dieu fit arrêter le ſoleil dans ſa carriere vers l'heure de midi, pour achever la défaite des Amorrhéens, & pourquoi preſque tous les grands miracles de ce tems-là n'étaient opérés que pour exterminer les hommes; pourquoi, malgré tous ces miracles, le Peuple Juif fut malheureux & eſclave ſi ſouvent & ſi long-tems.

Il était eſſentiel de réfuter ceux qui, pour prouver que le Pentateuque ne fût pas connu avant Eſdras, avancent qu'aucun paſſage de ce

Pentateuque ne se trouve cité ni dans les Prophetes, ni dans l'histoire des Rois Juifs, qu'il n'y est jamais parlé ni du Berefith, ni du Veellé Shémot, ni du Vaïcra, ni du Veiedabber, ni de l'Addebarim. Tu prends ces noms pour des mots tirés du Grimoire; ce sont les titres de la Genefe, de l'Exode, du Lévitique, des Nombres, du Deutéronome.

Comment ces Livres facrés n'auraient-ils pas été mille fois cités, s'ils avaient été connus? C'eft une difficulté à laquelle l'Evêque de Sarum répond très-favamment.

Un devoir non moins indifpenfable était de montrer que tous les Livres facrés de la Nation Judaïque étaient néceffaires au monde entier; car comment Dieu aurait-il infpiré des Livres inutiles? & si tous ces Livres étaient néceffaires, comment y en a-t-il eu de perdus? comment y en aurait-il de falfifiés?

Dieu aurait-il voulu que l'Evangile, felon S. Matthieu, dit au *chap.* 2. Jéfus habita à Nazareth, afin que cette parole du Prophete fût accomplie : *Il s'appellera Nazaréen* ? & aurait-il voulu en même-tems que cette parole ne fe trouvât dans aucun Prophete?

On voit encore au chap. 27. *Alors s'accom-plit ce qu'avait prédit Jérémie, en disant: Ils ont accepté trente pièces d'argent, &c. dont il achetera le champ du Potier.* Cela n'est point dans Jérémie; & cette difficulté est encore admirablement bien éclaircie par notre Docteur Young, qui a concilié parfaitement les deux généalogies qui semblent entiérement contradictoires. Permets que je te dise que tu devais imiter tous les grands Hommes que je te cite, & qu'il valait mieux instruire tes Compatriotes que de les outrager.

Tu nous aurais, à l'exemple de notre Evêque de Durham, donné la véritable intelligence de la prédiction de notre Sauveur, qui annonce (*Luc chap.*) que dans la génération alors vivante, on verra venir le Fils de l'Homme dans les nuées avec une grande puissance & une grande majesté : tu n'avais qu'à lire l'exposition de ce digne Prélat, tu aurais vû dans quel sens cette grande Prophétie s'est accomplie, & ton ouvrage alors eût été en effet une instruction. Mais tu examines si Boileau était un Versificateur ou un Poëte, si Perrault a pris avec raison le parti des modernes,

Tu parles de l'attraction, tu tâches de décrier l'algebre & la géométrie. Mon ami, tu devais parler de l'Evangile.

Tu aurais ensuite expliqué les mysteres ; tu aurais fait voir comment Jesus-Christ ayant dit : *Mon Pere est plus grand que moi*, cependant il est égal à lui : comment le Saint-Esprit étant égal au Pere & au Fils, ne peut cependant engendrer, & pourquoi au-lieu d'être engendré il procede ; sur quels fondemens l'Eglise Grecque le crut toujours procédant du Pere seul, & par quelles raisons l'Eglise Romaine le crut au dixiéme siécle procédant du Pere & du Fils tous ensemble.

De bonne foi, ces questions ne font-elles pas plus importantes que ce que tu dis de La Motte & de Terrasson, & de la Théorie de l'impôt, roman de l'ami des hommes.

Crois-moi, lorsqu'on est superficiel & ignorant, on ne doit pas se hazarder d'écrire des Pastorales.

AMI JEAN-GEORGE,

Je tombe sur un plaisant endroit de ta Pastorale (*pag.* 258. & 259.) Tu prétends que la Philosophie peut aussi exciter des guerres civiles. Va, tu lui fais trop d'honneur ; tu fais à qui ce privilége a été réfervé. Tu allégues en preuve que le Comte de Shaftsburi, *l'un des héros du parti philofophifte*, & l'ami de Locke, entra dans des factions contre le confeil de Charles II, & fur cela tu prends Locke pour un conjuré. Tu fais d'étranges bévues, de terribles *blunders*. Celui que tu appelles le *héros du parti philofophifte* était le fils du Comte de Shaftsburi. Le pere n'était qu'un politique. Le fils fut un véritable Philo-fophe, & paffa fa vie dans la retraite, loin des fripons & des fanatiques. Pauvre homme ! voilà ce que c'eft que de parler au hazard, & de favoir les chofes à demi. N'es-tu pas honteux d'avoir trompé ainfi ton troupeau du Puy en Vélay ?

AMI JEAN-GEORGE,

Voici un Evêque ton confrere qui vient rendre à Chaubert ta Paftorale, que Chaubert lui avoit vendue douze francs. Je ne veux point, dit-il, de cet impertinent ouvrage ; il faut que mon confrere ait perdu la tête. Quel amas de phrafes qui ne fignifient rien ! il ne dit que des injures. Cet homme fait tout ce

qu'il peut pour rendre ridicule ce qu'il veut
faire respecter. J'aimerois mieux encore, je
crois, (Dieu me pardonne) les vers Judaï-
ques de son frere aîné. C'est ainsi qu'a parlé ce
digne Prélat. Je me joins à lui.

Adieu, JEAN-GEORGE,

INSTRUCTION
PASTORALE

De l'humble Evêque d'Alétopolis, à l'occasion de l'Instruction Pastorale de Jean - George, humble Evêque du Puy.

MES CHERS FRERES,

MON Confrere Jean - George du Puy a voulu vous instruire par un gros volume. Vous savez que la vérité est au fond du Puy, mais vous ne savez pas encore si Jean-George l'en a tirée. Vous vous êtes recriés d'abord en voyant les armoiries de Jean-George en taille rude à la tête de son ouvrage. Cet écusson représente un homme monté sur un quadrupéde ; vous doutez si cet animal est la monture de Balaam, ou celle du chevalier que Cervantes a rendu fameux. L'un était un Prophete, & l'autre un redresseur des torts ; vous ignorez qui des deux

eſt le Patron de mon cher confrere. Vous êtes
étonnés que ſon humilité ne l'empêche pas de
s'intituler *Monſeigneur* ; mais il n'a pas craint
que ſa vertu ſe démentît dans ſon cœur par ce
titre faſtueux. Les Péres de l'Egliſe ne mettaient
pas ces enſeignes de la vanité à la tête de leurs
ouvrages ; nous ne voyons pas même que les
Evangiles aient été écrits par Monſeigneur Matthieu , & par Monſeigneur Luc. Mais auſſi ,
mes chers freres , conſidérez que les ouvrages
de Monſeigneur Jean-George ne ſont pas pa-
roles d'Evangile.

Il a ſoin de nous avertir que de plus il s'appelle *Pompignan* ; nous avons vu à ce grand
nom les fronts les plus ſévères ſe dérider , &
la joie répandue ſur tous les viſages , juſqu'au
moment où la lecture des premieres pages a
changé abſolument toutes les phyſionomies , &
plongé les eſprits dans un doux repos. Et bientôt
on a demandé dans la petite ville du Puy ,
s'il était vrai que Monſeigneur était Auteur à
Paris ; & on a demandé dans Paris ſi cet Evêque
avait imprimé au Puy un ouvrage.

J'avoue que tous nos confreres ont trouvé
mauvais qu'on proſtituât ainſi la dignité du ſaint

ministère ; que fous prétexte de faire un Mandement dans un petit diocèfe, on imprimât en effet un livre qui n'eft pas fait pour ce diocèfe, & qu'on affectât de parler de Newton & de Locke aux habitans du Puy en Vélay. Nous en fommes d'autant plus furpris, que les ouvrages de ces Anglais ne font pas plus connus des habitans du Vélay que de Monfeigneur. Enfin, nous avouons qu'après le péché mortel, ce qu'un Evêque doit le plus éviter, c'eft le ridicule.

Comme notre diocèfe eft extrêmement éloigné du fien ; nous nous fervons à fon exemple de la voie de l'impreffion pour lui faire une correction fraternelle, que tous les bons Chrétiens fe doivent les uns aux autres ; devoir dont ils fe font fidélement acquittés dans tous les tems.

Ce n'eft pas que nous voulions contefter à Jean-George fes prétentions Epifcopales au bel-efprit, ce n'eft pas que nous ne fachions eftimer fon zèle ardent, qui dans la crainte d'omettre les chofes utiles, fe répand prefque toujours fur celles qui ne le font pas. Nous convenons de fon éloquence abondante qui n'eft jamais étouffée fous les penfées ; nous admirons fa charité chrétienne qui devine les plus fecrets fentimens de

tous fes contemporains, & qui les empoifonne
de peur que leurs fentimens n'empoifonnent le
fiécle.

Mais en rendant juftice à toutes les grandes
qualités de Jean-George, nous tremblons, mes
chers freres, qu'il n'ait fait une bévue dans
fon Inftruction paftorale, laquelle plufieurs ma-
lins d'entre-vous difent n'être ni d'un homme
inftruit, ni d'un pafteur. Cette bévue confifte à
regarder les plus grands génies comme des in-
crédules; il met dans cette claffe Montagne,
Charon, Fontenelle, & tous les Auteurs de nos
jours, fans parler de la priere du Déifte de
Monfieur fon frere aîné, que Dieu abfolve.

C'eft une entreprife un peu trop forte d'écrire
contre tout fon fiécle : & ce n'eft peut-être pas
avoir un zele felon la fcience, que de dire, mes
freres, tous les gens d'efprit & tous les Savans
penfent autrement que moi, tous fe moquent
de moi; croyez donc tout ce que je vais vous
dire. Ce tour ne vous a pas paru affez habile.

On dit auffi qu'il y a dans l'*in-quarto* de mon
confrere Jean-George, un long chapitre contre
la tolérance, malgré la parole de Jefus-Chrift &
des Apôtres, qui nous ordonnent de nous fup-

porter les uns les autres. Mes freres, je vous ex-
horte, felon cette parole, à fupporter Jean-
George. Vous avez beau dire que fon livre eft
infupportable ; ce n'eft pas une raifon pour rom-
pre les liens de la charité. Si fon ouvrage vous
a paru trop gros, je dois vous dire, pour vous
raffurer, que mon Relieur m'a promis qu'il
ferait fort plat quand il aurait été battu.

Nous demeurons donc unis à Jean-George,
& même à Jean-Jacques, quoique nous pen-
fions différemment d'eux fur quelques articles.
Ce qui nous confole, c'eft qu'on nous affure de
tous côtés, que l'œuvre de notre Confrere du
Puy eft comme l'arche du Seigneur, elle eft
fainte, elle eft expofée en public ; & perfonne
n'approche d'elle.

Bonfoir, mes Freres.

L'humble Evêque d'Alétopolis.

www.ingramcontent.com/pod-product-compliance
Lightning Source LLC
Chambersburg PA
CBHW070754280326
41934CB00011B/2917